Mungu amakuumba
Kwa Mfano Wake.

Written by Linda D. Washington

Illustrated by Rebecca Flott

Design Layout by Matthew D. Beda

Copyright © 2017 Products and Activities for Christian Education (PACE) LTD

Unajua wewe ni nani? Mungu ni Baba yako wa mbinguni.

Amekuumba uwe mtoto wake.

Baba anakuimbia.

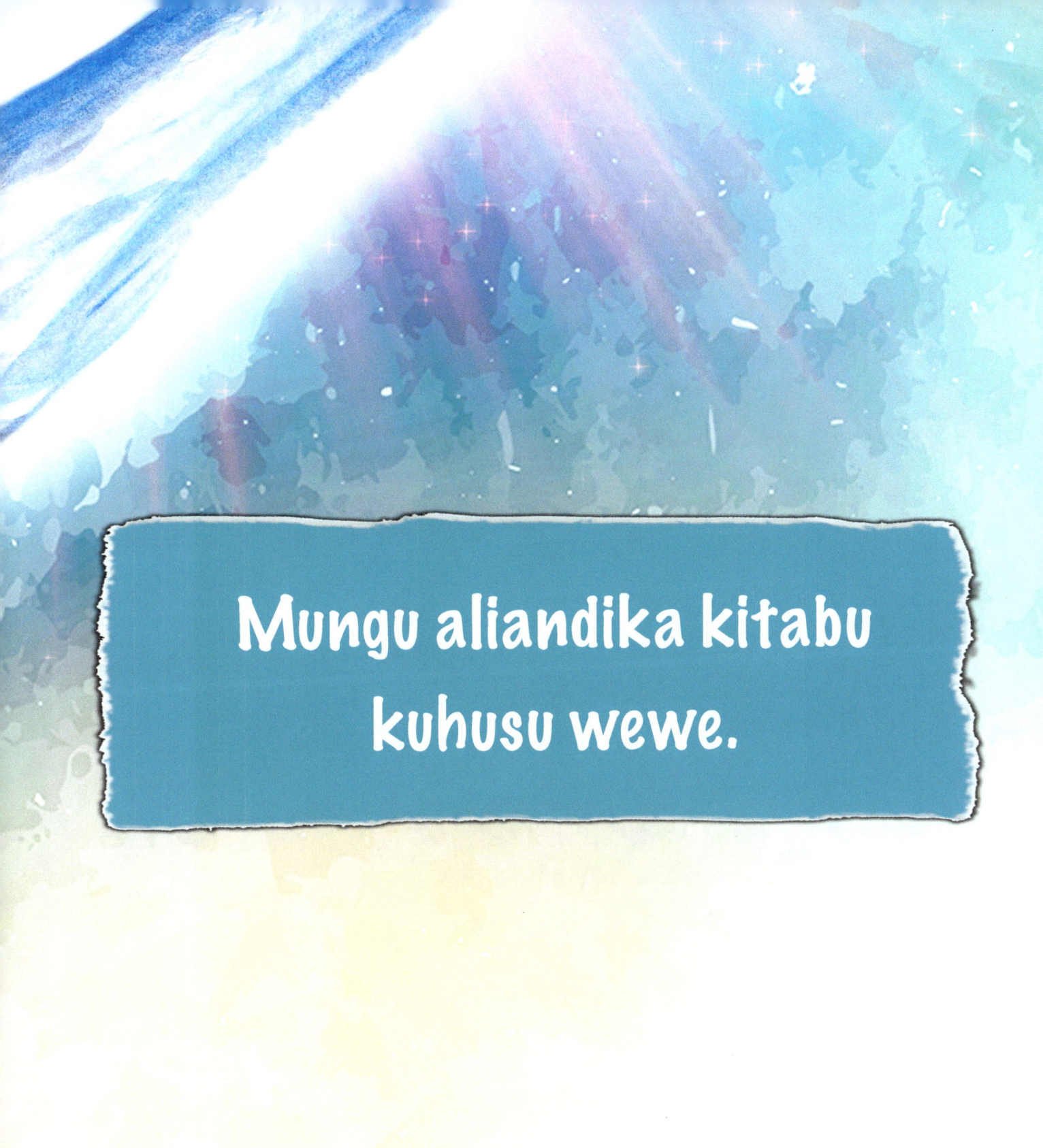

Mungu aliandika kitabu kuhusu wewe.

Baba ameandika jina lako katika kitanga cha mkono wake.

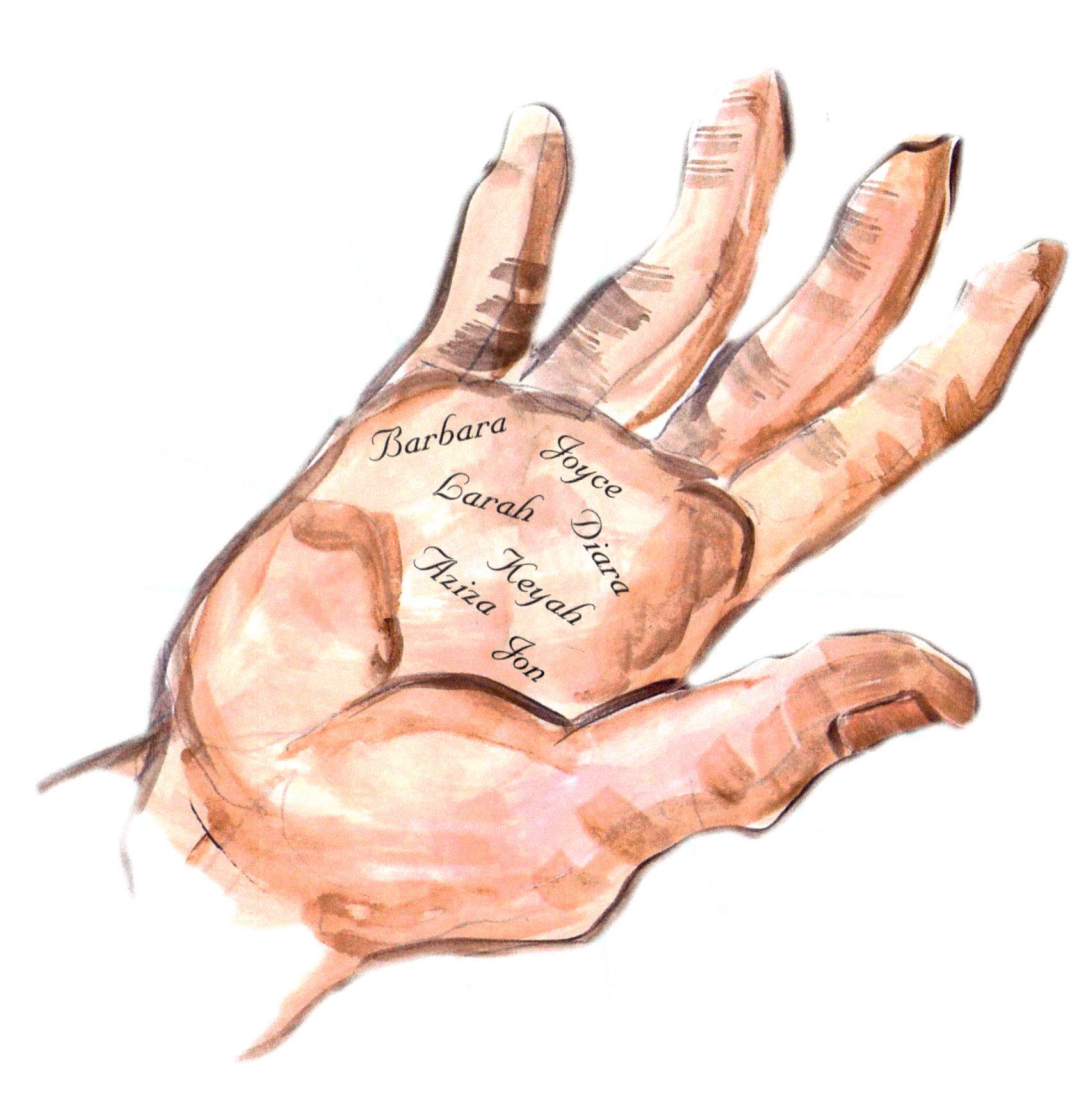

Amekuwa akikufikiria zaidi kuliko kiasi cha mchanga ulioko ufukweni.

Baba anakupenda!

Kabla haujazaliwa duniani ulikuwa mbinguni na Baba.

Mungu amekuumba kwa mfano Wake. Baba anataka wewe uchague kufikiria kama yeye na kuwa kama Yeye.

Mungu ni roho. Kwa hiyo Mungu amekufanya wewe roho kama Yeye. Huwezi kuona roho kwa macho yako. Roho yako ni wewe ulivyo ndani ya mwili wako.

Mungu ni pendo na mwingi wa huruma. Mungu amekuumba uwapende wengine na kuwa kuwa mtu mwema.

Neno la Mungu linamuheshimu. Kwahiyo baba ametengeneza maneno yako kukuheshimu.

Mungu ni mtakatifu na Mfalme mzuri aliyeumba kila kitu. Baba amekuumba wewe mchungaji mtakatifu na mfalme wa dunia kusali, ongea na Yeye na kumuheshimu.

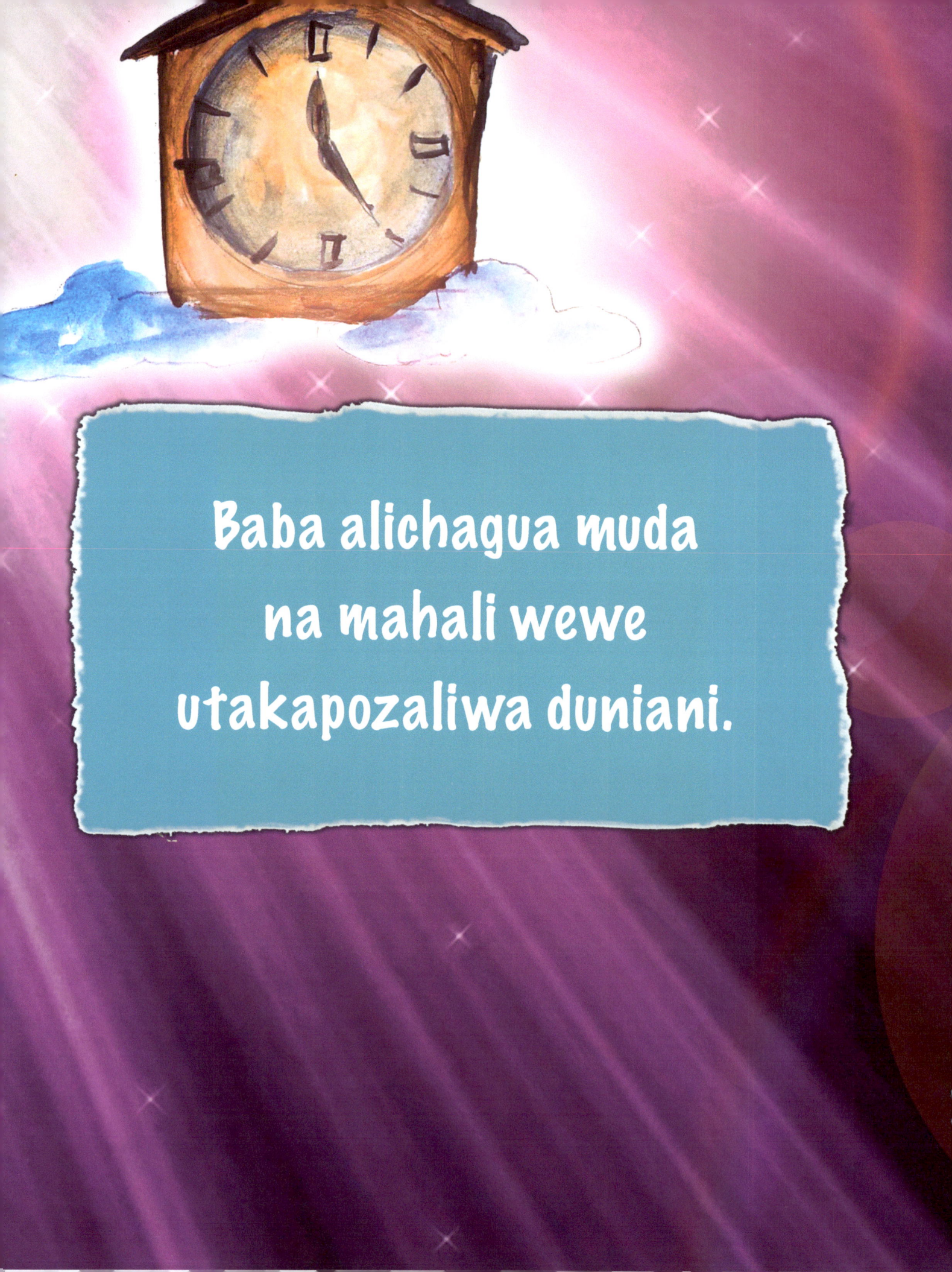

Mungu alikuumba pamoja na roho yako ndani ya tumbo la mama yako.

Baba alikupa sababu na kazi ya kufanya kwa ajili yake duniani ambayo hamna mtu mwingine anaweza kufanya hivyo kama wewe.

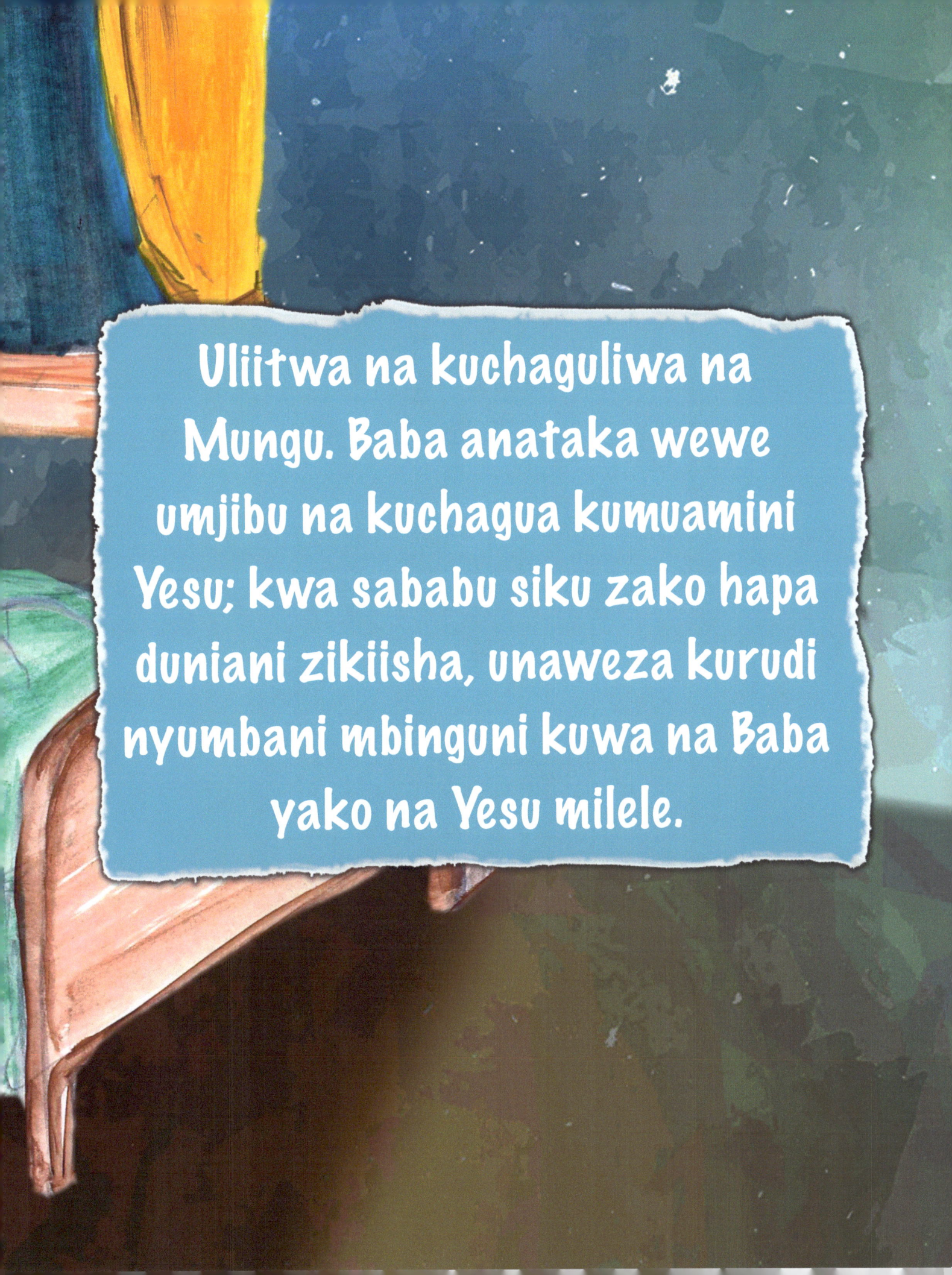

Uliitwa na kuchaguliwa na Mungu. Baba anataka wewe umjibu na kuchagua kumuamini Yesu; kwa sababu siku zako hapa duniani zikiisha, unaweza kurudi nyumbani mbinguni kuwa na Baba yako na Yesu milele.

Utamchagua Yesu?

KAMA UNA AMINI KWA MOYO WAKO
Na Unataka Kumjuwa Babyako Wanbinguni,

UNAWEZA:

Omba sasa, ili baba ajuwe.

Umuombe musaada ya kujuwa ni nini anataka wewe ufanye.

Semezana na baba yako.

Anahunga kusiya kutoka kwako.

Anbiya wengine kama una amini Yesu Christo.

Maadiko Ya Kusaidiya

Matayo 23:9

Wagalatiya 3:26, 4:6

Sefania 3:7

Zaburi 139:16

Isaya 49:16

Zaburi 139:17-18

Warumi 5:8; Yohana 17:23

Waefeso 1:4; Wafilipi 3:20; Mwanzo 1:27, 2:7

Mwanzo 1:27

Yohana 4:24; 1Wathesalonike 5:23

Yeremia 9:24;Yohana 4:7-8; Waefeso 4:32; Wathesalonike 5:15

Mwanzo 1; Mthali 18:20-21

Isaya 43:15, 45:12; Ufunuo 1:6; 1 Wathesalonike 5:17; Waefeso 2:10

Matendo ya mtume 17:26

Zaburi 139:13

Warumi 9:17; Waefeso 1:11, 1:18

Yohana 15:16, 14:2-4; 2 Wakoritho 5:8

Warumi 10:9-10

Kujifunza zaidi juu ya Upendo Baba, nenda kwa:

www.ABC-Jesus.com

Copyright © 2017 Products and Activities for Christian Education (PACE) LTD